Pancho y las momias

Rachel Emery

Illustrado por

Julian Arpin-Cortez

CONTENTS

INTRODUCTION

I'm excited to share this story with you. I visited Guanajuato three years ago with my aunt who is an anthropologist in Mexico. She inspired me to write a book about this magical city with so much history. I originally wrote *Pancho y las momias* for my students and I hope other students of Spanish enjoy it too.

This book is written for intermediate Spanish students. This book is written with high frequency structures in mind, utilizing many cognates.

There are two versions of the story within this book, one written in primarily in present tense and one written in past tense.

There is an accompanying Teacher's Guide available at panchoylasmomias.weebly.com which can help provide teachers and students with background knowledge, extension activities, and comprehension checks.

ACKNOWLEDGMENTS

Thank you to my aunt for taking me to Guanajuato, telling me some of its legends and stories, and for sharing your creative ideas. Thank you to my colleague Su Pesa for your encouragement and for piloting the story with your classes. Thank you to my 6th grade class of 2016-2017 who gave me feedback on every chapter and creative ideas along the way. Thank you to Julian for bringing this story to life. Thank you to Joseph, Diego, Viviana, and Jane for proofreading and feedback. Thanks, Mom, for everything else.

Prólogo

El día después del funeral de su madre, Pancho y su abuela caminan por la ciudad. En la calle hay un señor con un canario amarillo. El señor dice:

—¡**Pajarito de la suerte**[1]! ¡Mi canario puede revelar tu destino por solamente 10 pesos!

La abuela de Pancho dice:

—¿Por qué no?

Pancho ya sabe su destino: una vida sin su madre. Pero su abuela está emocionada. Ella le paga al señor los 10 pesos.

---

[1] **pajarito de la suerte** fortune-telling bird

El señor abre la puerta de la jaula. El canario sale de la jaula y salta hacia una caja con papelitos. El canario agarra uno de los papelitos y le pasa el papelito al señor. El señor lee el «destino» de Pancho: *«Tienes una habilidad especial. Puedes* **animar**² *a todos».*

Pancho piensa: «Eso no es un destino normal. Y no es verdad». Pero no dice nada.

Su abuela dice:

—¡Ay mi Panchito, es verdad! Siempre estoy feliz cuando estoy contigo. Gracias, señor. Y gracias a su canario.

---

² **animar** to cheer up/to encourage/to bring to life

Capítulo 1
Una ciudad nueva y vieja

Pancho se despierta por la mañana y está triste. No está en la Ciudad de México. Está en la ciudad de Guanajuato. Antes, Pancho vivía en la Ciudad de México (CDMX), pero ya no. Ahora vive en Guanajuato.

CDMX es la capital de México; es enorme y moderna. Hay mucha gente en CDMX. Guanajuato no es muy grande. Es una ciudad más o menos grande. Guanajuato no es muy moderna; es vieja. Está en las montañas. Pancho tiene catorce (14) años y antes tenía muchos amigos en CDMX, pero ahora, aquí en Guanajuato no tiene amigos. No tiene ni un amigo. Pancho está muy solo.

Pancho vivía en CDMX con su madre y su padre. Pero su madre **murió**[3]. Ella estuvo enferma por muchos años y ahora está muerta. Pancho y su padre **se mudaron**[4] a Guanajuato para vivir con su abuela. Ahora Pancho vive en Guanajuato con su padre y su abuela.

Pancho no tiene a su madre. No tiene a sus

---

[3] **murió** died
[4] **se mudaron** they moved (homes/residences)

amigos. No tiene a su ciudad enorme y moderna. Está triste y solo.

Hoy, la abuela de Pancho no tiene tortillas. Ella necesita tortillas para el día.

—¿Panchito? —llama su abuela.

—¿Mande[5]? —dice Pancho.

—Ve a la tortillería, por favor. Necesitamos tortillas.

—Sí, abuelita.

Pancho quiere salir de la casa. No quiere estar solo en casa con su abuela y su padre. Ellos están muy tristes. Es una buena excusa para salir de la casa.

En la tortillería, Pancho huele las tortillas. «¡Delicioso!» piensa. Ve a otro chico. El chico trabaja en la tortillería. Tiene catorce o quince(14 ó 15) años.

Pancho le dice al chico:

—Hola, buenos días.

—Buenos días.

El chico es alto y tiene pelo negro. Pancho

---

[5] **mande** a polite response, literally "at your orders."

no es ni alto ni bajo. Tiene pelo negro también.

—Medio kilo de tortillas, por favor —dice Pancho.

—Oye, tú no eres de Guanajuato

—exclama el chico—. Eres de la ciudad de México. ¡Eres *chilango*[6]…!

—¡*Santiago Correa Martínez!* —exclama la señora de la tortillería—. ¡**No seas irrespetuoso**[7]!

—¡Sí, mamá! —dice el chico.

Pancho tiene un acento diferente al chico, Santiago. Habla diferente. En ese momento,

---

[6] **chilango** somewhat offensive word for someone from CDMX
[7] **no seas irrespetuoso** don't be disrespectful

Pancho tiene vergüenza de su acento. Tiene vergüenza porque habla diferente.

Santiago dice:

—Perdón. Es sólo una broma, jaja. Tu acento es un poco chistoso.

La madre de Santiago camina hacia los chicos y le dice a Pancho:

—Buenos días. ¿Cómo te llamas? ¿Vives aquí en Guanajuato?

—Eh… me llamo Pancho… y sí… **me mudé**[8] con mi padre recientemente —responde Pancho.

—¿Tienes familia o amigos aquí? —dice la madre de Santiago.

Pancho mira el suelo.

—Sólo mi padre y mi abuelita.

La madre de Santiago está sorprendida.

—¿No tienes ni un amigo aquí? ¿Por qué no regresas aquí a la tortillería a las ocho de la tarde (8 p.m.)? Tú y Santi pueden explorar Guanajuato juntos.

—¡*Mamá!* —dice Santiago en un tono

---

[8] **me mudé** | I moved

frustrado. Es obvio que Santi no quiere explorar Guanajuato con Pancho.

—Santi, **no discutas**[9] conmigo. Pancho, regresa a las ocho. Santi puede ser tu amigo.

Pancho agarra sus tortillas y regresa a su casa, con su padre triste, y su abuelita triste. Considera regresar a la tortillería a las ocho para escaparse de la casa triste. A Santiago no le gusta la idea de su mamá, pero Pancho no tiene otra opción.

---

[9] **no discutas** don't argue

Capítulo 2
¿Un amigo nuevo?

Pancho sabe que Santiago realmente no quiere ser su amigo… pero Pancho no quiere estar solo en la casa triste. Entonces, a las ocho de la tarde (8 p.m.), Pancho regresa a la tortillería para ver a Santiago.

—Buenas tardes, Santiago —dice Pancho, un poco nervioso—. ¿Cómo estás?

Santiago está más contento ahora.

—Eh, más o menos. Yo trabajé todo el día en la tortillería. Y todos me llaman Santi.

—Bueno… Santi. ¿Adónde vamos? —pregunta Pancho.

Santi piensa por un momento.

—Oye, ¿**has visto**[10] a las momias?

—¿Las momias? —dice Pancho.

—Sí. Hay momias aquí en Guanajuato. Están en un museo.

Pancho no sabe si quiere ver momias, pero

---

[10] **has visto** have you seen

dice:

—¡**Qué padre**[11]! ¡Vámonos!

Los chicos van al museo. En la puerta hay un letrero que dice «Cerrado».

—Caramba. Está cerrado. No podemos entrar —dice Pancho. Pancho realmente no quiere entrar, entonces está contento. No quiere ver momias.

—No importa. Tengo una **llave**[12]. Mi tío trabaja aquí en el museo —responde Santi.

Pancho tiene un dilema. Pancho no quiere problemas; no quiere entrar al museo ilegalmente. Y tiene un poco de miedo de las momias… pero quiere impresionar a su amigo nuevo. Pancho sabe que no es una buena idea, pero dice:

—Qué bien, entremos al museo.

Los chicos entran al museo con la llave de Santi. Está muy oscuro; no hay mucha luz. Hay un espacio más o menos grande… y momias en

---

[11] **qué padre** how cool
[12] **llave** key

todas partes.

De repente, una mano agarra a Pancho.

—¡¡Ay!! —grita Pancho.

—¡Jaja! ¿Tienes miedo?

Santi se ríe y toca a Pancho otra vez. Pancho tiene un poco de vergüenza.

—N-n-no, no tengo miedo —responde Pancho—. ¿Oye, estas momias son momias *de verdad*?

—Sí… bueno… son momias «naturales». Son diferentes de las momias de Egipto. A veces, en Guanajuato, **los cuerpos se momifican naturalmente porque el clima es muy seco.**[13] Ahora, las momias son una atracción turística.

A Pancho no le gusta la idea. Él piensa en su madre. Piensa: «**Ella no quisiera ser**[14] una atracción turística» pero no le dice nada a Santi.

—Me voy al baño. ¡**Enciende**[15] la luz! —dice Santi, y desaparece. Pancho no sabe

---

[13] In Guanajuato, corpses sometimes mummify naturally because the climate is so dry.
[14] **ella no quisiera ser** she wouldn't want to be
[15] **enciende** turn on

dónde está porque está oscuro.

Pancho explora el museo oscuro. Quiere encender la luz pero no sabe cómo. Ve formas oscuras, como personas, pero diferentes… ¿Las formas son las momias? Pancho también huele un olor raro.

Una forma cerca de él se mueve. ¿Es Santi o…una momia? Pancho dice en voz baja:

—¿S-Santi? ¿Dónde estás?

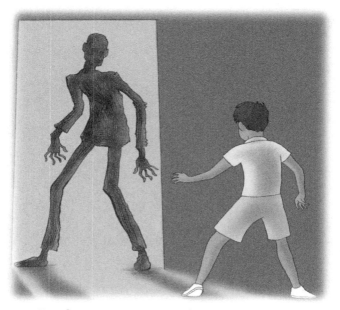

La forma no responde. Pancho exclama:

—¡S-Santi! ¿Es una broma? ¡No es

chistoso!

—¿Mande? —La voz de Santi está lejos, pero la forma oscura está cerca. Y se mueve.

Pancho no se mueve. No puede moverse porque tiene muchísimo miedo. Ahora muchas formas oscuras se mueven, y hay ruidos: «*Clac, clac, clac, ¡PUM!*» De repente, muchas formas oscuras corren y una se choca con Pancho. Pancho se cae y grita:

—¡Ay!

La puerta del museo está abierta. Las formas salen del museo. Las formas salen del museo por la puerta abierta. ¡Las momias se escapan!

Pancho grita:

—¡NOOO!

Santi regresa del baño.

—¿Qué pasa?

—¡Creo que las momias **se escaparon**[16] del museo! —dice Pancho.

—¿**Estás bromeando**[17]? —responde Santi.

—¡No! ¡Las momias se escaparon por la puerta abierta! ¡Ya no están aquí! —dice Pancho.

—¿Pero qué dices? ¡Están muertas! ¿Cómo es posible? —dice Santi.

Los chicos encienden la luz y buscan por todo el museo. Es verdad. Ya no hay ni una momia en el museo. Sólo hay pétalos de flores anaranjados y el olor raro.

—¡Caramba! ¡**Mi tío me va a matar!**[18]

---

[16] **se escaparon** they escaped
[17] **estás bromeando** are you kidding
[18] **mi tío me va a matar** my uncle is going to kill me

Ahora Santi tiene miedo también.

—¿Vamos a buscar a las momias? —dice Pancho.

Santi está muy nervioso.

—No. No es una buena idea buscarlas por la noche. Vamos a casa.

—Entonces… ¿vamos a buscar a las momias por la mañana? —pregunta Pancho.

—¡Claro! —exclama Santi. Tiene miedo y está enojado.

Los chicos regresan a sus casas. No les dicen nada a sus familias porque entraron al museo ilegalmente, cuando estaba cerrado. Ellos no van a buscar a las momias por la noche. No es buena idea. Van a buscarlas por la mañana.

Capítulo 3
Las momias se despiertan

Es de noche y está oscuro. Dolores se despierta y ve a dos chicos entrando al museo ilegalmente. El museo está muy oscuro.

Dolores sabe que está en un museo. Ya no está en el cementerio. Dolores es una momia ahora, una atracción turística. Antes, Dolores **descansaba**[19] en paz en el cementerio. Ahora, en el museo, Dolores no puede descansar. Los turistas la miran y dicen:

—¡Qué asco!

A Dolores no le gusta la situación para nada. Tiene mucha vergüenza. No quiere estar en el museo. Dolores quiere escaparse del museo y de los turistas.

De repente, Dolores ve la puerta abierta. Ella **despierta a**[20] las otras momias silenciosamente.

«¡Qué bien!» piensa Dolores. «¡Vamos a escaparnos esta noche!».

Dolores rompe el cristal que separa a las

---

[19] **descansaba** used to rest
[20] **despierta a** she wakes up (the others)

momias del mundo real:

«*Clac, clac, clac, ¡PUM!*» Dolores corre hacia la puerta y choca con uno de los chicos.

Él grita:

—¡Ay!

Rápidamente, todas las momias salen por la puerta abierta y se escapan del museo. En total, cincuenta y nueve (59) momias se escapan…

Las momias deciden ir al río para tomar agua. ¡Tienen sed! Es de noche, y no hay mucha gente en las calles. Increíblemente, ni una persona ve a las cincuenta y nueve momias que corren por la ciudad de Guanajuato. Las momias van al río... pero... ya no es un río. Ahora es una calle para carros. ¡Caramba! La ciudad de Guanajuato es muy diferente a la ciudad de su memoria.

Y ahora quieren descansar... ¿Pero dónde?

Capítulo 4
Las momias no comen tamales

A las siete y media de la mañana (7:30 a.m.) Santi se despierta porque hay tres perritos en su cama. Santi salta de la cama. Entra al baño y hay dos perritos más. Los dos perritos comen su libro de matemáticas.

—¡No! —exclama Santi, y agarra su libro. —¡Perros malos!

Las hermanas de Santi gritan:

—*¡Shh! ¡No grites!*

Ellas quieren dormir más. Santi tiene dos hermanas. Tienen dieciocho (18) y veinte (20) años. No son muy simpáticas, en la opinión de Santi. No toleran a su hermanito.

Santi regresa a su dormitorio. La madre de Santi vende perros Chihuahua. Santi quiere entrenar a los perritos pero es imposible.

—¡Siéntate! —le dice a un perrito. Pero no se sienta. Otro perrito come uno de los zapatos de Santi.

—¡Perro malo! ¿Tienes hambre? —dice Santi. Le da de comer a los perritos cuando

Pancho toca la puerta.

«Toc toc toc.»

. . .

Pancho camina hacia la casa de Santi. Pancho Pancho toca la puerta.

«Toc toc toc».

Y oye muchos perros. **«¡Guau! ¡Guau! ¡Guau!**[21]**»**

Santi abre la puerta. Los perros se escapan por la puerta.

—¡No! ¡Perros malos! ¡Siéntense!

Pero no se sientan.

Pancho mira a los perritos y les dice:

—Siéntense.

Todos los perritos se sientan, obedientes.

Santi está frustrado.

—Oye, ¿por qué escuchan a ti y no me escuchan a mí?

Santi y Pancho salen de la casa para buscar a las momias a las ocho de la mañana (8 a.m.).

---

[21] **guau, guau, guau** woof, woof, woof

Primero van al Mercado Hidalgo para hablar con la gente allí. El Mercado Hidalgo es muy grande. ¡Tiene ropa, comida, artesanías, libros... de todo!

Hay un señor que vende tamales y atole.

Pancho le pregunta:

—Perdón, señor, ¿**ha visto algo raro por aquí**[22]?

—¿Raro?... ¿Como qué? —responde el señor.

—Como... no sé... ¿momias? —le dice Pancho.

—¿Momias? ¡Ja! Claro que no. Las momias no comen tamales. ¿**Ustedes**[23] dos tienen hambre? Dos tamales y atole por veinte (20) pesos —dice el señor.

Los chicos tienen vergüenza... y siempre tienen hambre, entonces le pagan veinte pesos por dos tamales y atole.

El señor se ríe:

—Qué ridículo. ¡Momias! ¡Jajaja!

---

[22] **han visto algo raro por aquí** have you seen anything weird around here
[23] **ustedes** you (plural)

—¿Ustedes hablan de momias? —dice una señora cerca. La señora es vieja. Tiene flores anaranjadas en las manos. Pancho no puede ver los ojos de la señora porque tiene un sombrero grande y negro.

—¡Sí! ¿Ha visto a unas momias? —dice Santi.

La señora está nerviosa.

—Es que… **creo que vi**[24] momias en los túneles **anoche**[25]…

—¡Gracias! —dicen los chicos—

---

[24] **creo que vi** I believe I saw
[25] **anoche** last night

¡Vámonos!

Pancho y Santi comen sus tamales rápidamente y corren hacia los túneles.

En la ruta hacia los túneles, los chicos pasan cerca del **Callejón del Beso**[26].

—Hay una leyenda romántica del Callejón del Beso, es similar a la historia de Romeo y Julieta —dice Santi.

—Eh… no me gustan las historias románticas —dice Pancho.

—¡Qué lástima! A mí sí me gustan… un poco —insiste Santi—. Y es una leyenda famosa.

---

[26] **El Callejón del Beso** The Alley of the Kiss, a street in Guanajuato approx. 27 inches wide.

Capítulo 5
Un zapato en los túneles

Hay muchos túneles en Guanajuato; los chicos buscan por muchas horas. Pancho está cansado y frustrado. Está frustrado porque piensa en la noche anterior. Pancho no quería ver a las momias, pero Santi insistió. Pancho piensa: «¡Todo esto es culpa de Santi!»

Ya no hay ni una momia en los túneles. Sólo hay muchos carros rápidos. Hay un policía cerca de las escaleras de un túnel mirando los carros.

—Perdón, señor. ¿Ha visto… eh… momias en los túneles? —le preguntan.

—¿*Momias*? Claro que no —les responde el policía. Mira el tráfico otra vez y se ríe—. Qué ridículo. ¡Momias! ¡Jajaja!

—Fantástico… ¿Ahora qué? —dice Pancho a Santi. Ya no quiere buscar.

Santi está cansado y frustrado también. Santi dice:

—Oye, **yo sólo quiero ayudarte**[27]. ¡Es tu

---

[27] **yo solo quiero ayudarte** I just want to help you

culpa que las momias se escaparon!

Pancho dice:

—¿Mi culpa? ¡No es mi culpa! —Pancho mira al policía. El policía está cerca y Pancho no quiere que escuche su conversación. Pancho le dice en voz baja a Santi:

—*¡Fue tu idea entrar al museo ilegalmente!*

—¡Pero tú estabas cerca de la puerta y **las dejaste escapar**[28]! —insiste Santi.

—¡No es verdad! Pero… no me gusta el museo. No me gusta que las personas se conviertan en una atracción turística —responde Pancho. Piensa en su madre y se pone triste. Un momento pasa en silencio.

—**Quizás sea bueno… que las momias se hayan escapado**[29] —dice Pancho.

Ahora Santi se pone furioso y casi grita:

—Oye, chilango, no es nada bueno que se escaparon. Las momias son muy importantes en Guanajuato. Son parte de la cultura y el turismo.

---

[28] **las dejaste escapar** you let them escape
[29] **Quizás sea bueno… que se hayan escapado.** Maybe it's good… that the mummies have escaped.

Esto es un problema enorme.

Es obvio que Santi está ofendido y no quiere continuar la conversación.

Pancho está enojado y triste. Pancho piensa en su madre. **¿Qué tal si su madre estuviera en un museo[30]?** Pancho no habla más porque no quiere llorar.

Santi y Pancho bajan las escaleras para buscar en un túnel más.

Santi mira el suelo. En el suelo él ve unos

---

[30] **qué tal si su madre estuviera en un museo** what if his mother were in a museum

pétalos anaranjados… y un zapato. Santi agarra el zapato. Es *muy* viejo.

—¡Mira! ¡Es un zapato de momia! —grita Santi, con mucho entusiasmo.

—¿*Un* zapato? —exclama Pancho, frustrado. —Hay cincuenta y nueve momias en Guanajuato. ¡Un zapato no es nada!

Santi lo mira, enojado, y le dice:

—Tú no comprendes, chilango. Vamos a buscar en el centro de la ciudad.

Los chicos suben las escaleras y salen del túnel.

Pancho mira al policía y va con Santi porque no hay otra opción.

. . .

El policía observa a los chicos con curiosidad.

«¿Por qué hablan de las momias?» piensa.

Los chicos suben las escaleras, salen del túnel y desaparecen. Entonces el policía escucha una voz en su radio:

«¡*Robo en el museo de las momias*!»

El policía corre tras los chicos, gritando.

...

Los chicos pasan por **La Alhóndiga de Granaditas**[31]. Santi le dice a Pancho:

—Mira, es La Alhóndiga. Es un sitio muy importante de la Independencia Mexicana de España.

—En este momento, no me interesa para nada —responde Pancho, enojado. Pero Pancho mira La Alhóndiga y... ¡ve a una momia entrando a La Alhóndiga!

---

[31] **La Alhóndiga de Granaditas** Historic site in Gto., now a museum

Capítulo 6
El Pípila

Los chicos entran a La Alhóndiga y buscan por todo el museo, pero... ya no hay ni una momia. Es muy misterioso.

...

Afuera de la Alhóndiga, en la calle, un policía busca a dos chicos que hablan de momias.

...

En La Alhóndiga, Pancho huele **el mismo**[32] olor raro del museo de las momias.

—¿Qué es ese olor? Es el mismo olor del museo —dice Pancho.

Santi huele el aire y piensa.

—Es **cempasúchil**[33], la flor de los muertos. ¡Mira, hay unos pétalos!

Buscan más pétalos, pero hay muy pocos. Los pétalos forman una línea y van hacia la calle. En la calle, los carros mueven los pétalos.

---

[32] **el mismo** the same
[33] **cempasúchil** marigold flower

¡Caramba!

Santi tiene una idea.

—Vamos a un sitio muy alto. ¡Vamos al **Pípila[34]**!

Pancho se ríe:

—Jaja. ¿*El Pípila*? ¡Qué raro!

—No es chistoso. El Pípila es un héroe nacional. Vámonos.

El Monumento al Pípila está en la parte más alta de Guanajuato. Está en una montaña. Los chicos suben 550 **escalones[35]** para llegar al monumento.

En el monumento, Santi dice:

—Mira, es **la vista[36]** más espectacular de la ciudad. Puedo ver *tooodo*.

Pancho observa a Santi pero no quiere buscar más. Mira el monumento. Es una estatua enorme de un señor. El señor enorme es el Pípila. La estatua del Pípila tiene casi veinticinco (25) metros (80 ft.) de altura. Es muy alta.

Santi no mira el monumento. Él ha visto el monumento muchas veces. Santi busca a las

---

[34] El Pípila was a famous local hero in the Mexican War of Independence.
[35] **escalones** steps
[36] **la vista** the view

momias en la ciudad.

—¡No hay ni una momia! —declara
Santi—. ¡Ni una en toda la ciudad!

Pancho decide hablar con Santi sobre la
muerte de su madre. Pancho le dice:

—Oye, Santi…, mi familia está en
Guanajuato porque mi madre murió.

Santi le dice:

—Ay, lo siento. **No lo sabía**[37]. Qué difícil.

---

[37] **no lo sabía** I didn't know

¿**Por eso**[38] no te gustan las momias?

—…Sí. Cuando pienso en las momias, pienso en mi madre —responde Pancho. Pancho no mira a Santi porque no quiere llorar.

Santi piensa en esto cuando, de repente, los chicos escuchan un ruido muy cerca. El ruido es como dos rocas enormes que se mueven. Pancho y Santi miran la estatua del Pípila y gritan en terror.

¡El Pípila se mueve!

---

[38] **por eso** that's why (for that reason)

Capítulo 7
Sin turistas

Dolores vivía en Guanajuato en el siglo diecinueve (los años 1800). Ella **vendía**[39] charamuscas, caramelos en la forma de las momias. Vendía los caramelos a los turistas que visitaban a las momias. Antes Dolores vendía caramelos de las momias y ahora Dolores *es una momia*. Es una coincidencia triste para Dolores.

Ahora, Dolores y las otras momias necesitan un sitio para descansar. La ciudad de Guanajuato es grande, y hay mucha gente. Las momias necesitan salir de la ciudad.

El esposo de Dolores trabajaba en la **Mina la Valenciana**[40]. Su esposo era un minero, entonces Dolores sabe que hay una parte abandonada en la mina. No hay turistas en esa parte de la mina.

Dolores y las momias suben la montaña. Entran a la mina en secreto. Bajan las escaleras

---

[39] **vendía** she used to sell
[40] The Valenciana Mine was one of the most productive silver mines in the world at its peak.

en silencio, a la mina oscura…

Capítulo 8
Nuestro secreto

¡El Pípila se mueve y mira a los chicos!

—¿Ustedes hablan de momias? —el Pípila les dice. ¡El Pípila habla! La voz del Pípila es fuerte e intensa.

—¿S-sí? —responden. Los chicos tienen mucho miedo.

—Pobres momias —dice el Pípila. El Pípila es intenso, pero simpático también. El Pípila continúa:

—Las momias están muy cansadas. Y tienen miedo. Quieren descansar.

—¿*Ha visto a las momias?* ¿Dónde están? —dice Santi, en un tono agresivo.

El Pípila observa a Santi y a Pancho con curiosidad.

—¿Por qué buscan a las momias? La policía de Guanajuato busca a las momias también. Pero la policía quiere que las momias regresen al museo. Y las momias no quieren regresar al museo.

Santi mira a Pancho, y entonces mira al

Pípila. Santi dice:

—Vamos a **ayudar**[41] a las momias.

El Pípila mira a Pancho y dice:

—¿En serio, ustedes quieren ayudar a las momias?

Pancho tiene un dilema. Santi no dice la verdad. Santi no quiere ayudar a las momias. Quiere que regresen al museo. Pancho quiere decir la verdad… pero no quiere problemas con Santi ni con la policía. Un momento pasa en silencio. Pancho mira a Santi. Quiere decir la verdad… pero no puede.

—Sí, vamos a ayudar a las momias —dice Pancho. Está muy triste, pero no tiene otra opción.

—Bueno —dice el Pípila—. Rápidamente, porque la policía busca a las momias, también. Las momias están en la mina. La Mina la Valenciana.

Santi exclama:

—¡En la mina! ¡Claro! Gracias, señor.

---

[41] **ayudar** to help

¡Vámonos!

La mina no está cerca. Está lejos, en otra montaña.

Van en autobús a la mina. Todos los turistas hablan del «robo» de las momias. Pancho está nervioso. Hay dos policías hablando con los turistas cerca de la mina. Los chicos entran a la mina rápidamente con un grupo de turistas y un guía turístico. El guía habla de la mina, pero los chicos no escuchan al guía. Buscan a las momias.

En la mina, Santi le dice en voz baja a

Pancho:

—*¡Mira, los pétalos!*

Hay pétalos anaranjados en el suelo. Pétalos de cempasúchil. El grupo de turistas va a la izquierda pero los pétalos de cempasúchil van en una línea en la otra dirección, a la derecha. Los chicos van a la derecha también, con los pétalos.

Los chicos bajan muchas escaleras. Está muy oscuro, pero Santi tiene una **linterna**[42] del guía turístico. El olor de cempasúchil es fuerte. De repente los chicos entran a un espacio…

---

[42] **linterna** flashlight

¡y allá están las momias!

—Momias, **¿qué hacen aquí**[43]? —grita Santi a las momias—. ¡Vamos ahora mismo!

Pancho no dice nada. No grita a las momias como Santi. Sólo piensa en su madre y mira el suelo.

—No quiero vivir en un museo —dice una momia. La momia tiene solamente un zapato viejo.

—Yo no quiero vivir en un museo tampoco. Quiero **descansar en paz**[44] —insisten otras.

—No me gusta ser una atracción turística —explica una momia.

Pancho mira a las momias. Están sentadas en el suelo. Están completamente indefensas. Las momias miran a Pancho desesperadamente. Necesitan su ayuda.

Después de un silencio largo, Pancho dice:

—Mi madre **quería**[45] descansar también.

---

[43] **qué hacen aquí** what are you doing here
[44] **descansar en paz** to rest in peace
[45] **quería** wanted

No quisiera ser[46] una atracción turística.

Pancho no quiere problemas con Santi ni con la policía... pero a Pancho no le importa. Quiere defender a las momias. Pancho decide hablar con Santi. Pancho mira a Santi, y le dice:

—Santi, las momias son parte de la cultura y el turismo de Guanajuato... pero no están realmente muertas. Están conscientes; hablan, no quieren regresar al museo. No es correcto.

Santi mira a Pancho, sorprendido. Un minuto pasa en silencio... ¿Está enojado?... ¿Furioso?

Santi no está enojado. Está considerando la situación.

—Ay, es verdad —dice—. No están realmente muertas. No lo sabía.

Santi mira a las momias y entonces les dice:

—Lo siento. No necesitan regresar al museo. Ustedes pueden descansar aquí, en la

---

[46] **no quisiera ser** she wouldn't want to be

mina.

Pancho está muy sorprendido.

—Santi, ¿en serio? ¿Pueden descansar aquí?

—Sí, amigo, es **nuestro secreto**[47] —dice
Santi. Santi acepta que las momias no van a
regresar al museo.

Pancho mira los pétalos de cempasúchil.
Van en una línea directamente hacia las momias.
Pancho dice:

—Los pétalos de cempasúchil son un
problema. Personas curiosas van a encontrar a
las momias.

Santi dice:

—Es verdad. Necesitamos recoger todos
los pétalos.

Los chicos recogen todos los pétalos y
ponen los pétalos cerca de las momias. Ya no
hay una línea de pétalos en las escaleras.

Pancho dice:

—¿Y los policías? Hay policías en la entrada

---

[47] **nuestro secreto** our secret

de la mina.

Una momia, una señora, dice:

—Hay una salida secreta. Ustedes pueden salir de la mina lejos de los turistas y los policías. Está en esa dirección.

La momia indica un túnel en la otra dirección.

Pancho dice:

—Gracias señora. Que descanse en paz.

—Gracias a ustedes, niños buenos —dice la momia.

Por fin, las momias se cierran los ojos, y descansan en paz. Los dos amigos suben las escaleras, salen de la mina, y se van a casa. Es su secreto…

¿El fin?

Momias permanecen desa...

Luz Buenavides—La ciudad de Guanajuato busca desesperadamente a las momias desaparecidas. Según el personal del Museo de las Momias de Guanajuato, se descubrió la ausencia de las momias el viernes pasado. Supuestamente han sido robadas, aunque sería difícil de hacerlo sin que lo notaran los vecinos. —Las momias simplemente se despertaron y salieron del museo —opina un vendedor de tamales con humor—. Dos chicos me preguntaron si yo «había visto» a las momias ayer por la mañana. Un policía también afirma que dos jóvenes sospechosos le preguntaron sobre las momias, supuestamente buscándolas en los túneles. Al cuestionar al director de seguridad del museo, Rodrigo Correa López, él declaró que alguien le había robado sus llaves, quizás desde su oficina en el museo. Llama la atención que el director no reportó el robo de las llaves, pero los investigadores afirman que no es un sospechoso en el caso. En este momento no han declarado ningún sospechoso en el caso, ya que los investigad...

Momias permanecen desaparecidas

Luz Buenavides—La ciudad de Guanajuato busca desesperadamente a las momias desaparecidas. Según el personal del Museo de las Momias de Guanajuato, se descubrió la ausencia de las momias el viernes pasado. Supuestamente han sido robadas, aunque sería difícil de hacerlo sin que la gente lo notara.

"Las momias simplemente se despertaron y salieron del museo" opina un vendedor de tamales con humor. "Dos chicos me preguntaron si yo 'había visto' a las momias ayer por la mañana".

Un policía también afirma que dos jóvenes sospechosos le preguntaron sobre las momias, supuestamente buscándolas en los túneles.

Al cuestionar al director de seguridad del museo, Rodrigo Correa López, él declaró que alguien le había robado sus llaves, quizás desde su oficina en el museo. Llama la atención que el director no reportó el robo de las llaves, pero los investigadores afirman que no es un sospechoso en el caso. En este momento no han declarado ningún sospechoso en el caso, porque los investigadores no saben quiénes son los dos chicos supuestamente involucrados.

Los investigadores piden que cualquier persona que tenga información sobre las momias o los dos chicos mencionados llame al departamento de policía inmediatamente.

Por ahora reflexionemos en lo que han contribuido las momias a la cultura e historia de esta ciudad. ¿Podemos continuar sin ellas? Las momias son muy importantes a la gente guanajuatense, pero quizás por fin descansen en paz, sin turistas, como es su derecho.

Pancho y las momias

Past-tense version

Prólogo

El día después del funeral de su madre, Pancho y su abuela caminaban por la ciudad. En la calle había un señor con un canario amarillo. El señor dijo:

—¡**Pajarito de la suerte**[48]! ¡Mi canario puede revelar tu destino por solamente 10 pesos!

La abuela de Pancho dijo:

—¿Por qué no?

Pancho ya sabía su destino: una vida sin su madre. Pero su abuela estaba emocionada. Ella le pagó al señor los 10 pesos.

---

[48] **pajarito de la suerte** fortune-telling bird

El señor abrió la puerta de la jaula. El canario salió de la jaula y saltó hacia una caja con papelitos. El canario agarró uno de los papelitos y le pasó el papelito al señor. El señor leyó el «destino» de Pancho: *«Tienes una habilidad especial. Puedes* **animar**[49] *a todos».*

Pancho pensó: «Eso no es un destino normal. Y no es verdad». Pero no dijo nada.

Su abuela dijo:

—¡Ay mi Panchito, es verdad! Siempre estoy feliz cuando estoy contigo. Gracias, señor. Y gracias a su canario.

---

[49] **animar** to cheer up/to encourage/to bring to life

Capítulo 1
Una ciudad nueva y vieja

Pancho se despertó por la mañana y estaba triste. No estaba en la Ciudad de México. Estaba en la ciudad de Guanajuato. Antes, Pancho vivía en la Ciudad de México (CDMX), pero ya no. Ahora vivía en Guanajuato.

CDMX era la capital de México; era enorme y moderna. Había mucha gente en CDMX. Guanajuato no era muy grande. Era una ciudad más o menos grande. Guanajuato no era muy moderna; era vieja. Estaba en las montañas. Pancho tenía catorce (14) años y tenía muchos amigos en CDMX, pero ahora, aquí en Guanajuato no tenía amigos. No tenía ni un amigo. Pancho estaba muy solo.

Pancho vivía en CDMX con su madre y su padre. Pero su madre **murió**[50]. Ella estuvo enferma por muchos años y ahora estaba muerta. Pancho y su padre **se mudaron**[51] a Guanajuato para vivir con su abuela. Ahora Pancho y su padre vivían con su abuela.

Pancho no tenía a su madre. No tenía a sus

---

[50] **murió** died
[51] **se mudaron** they moved (homes/residences)

amigos. No tenía a su ciudad enorme y moderna. Estaba triste y solo.

La abuela de Pancho no tenía tortillas. Ella necesitaba tortillas para el día.

—¿Panchito? —llamó su abuela.

—¿**Mande**[52]? —dijo Pancho.

—Ve a la tortillería, por favor. Necesitamos tortillas.

—Sí, abuelita.

Pancho quería salir de la casa. No quería estar solo en casa con su abuela y su padre. Ellos estaban muy tristes. Era una buena excusa para salir de la casa.

En la tortillería, Pancho olía las tortillas. «¡Delicioso!» pensó Pancho. Pancho vio a otro chico. El chico trabajaba en la tortillería. Tenía catorce o quince (14 ó 15) años.

Pancho le dijo al chico:

—Hola, buenos días.

—Buenos días. —El chico era alto y tenía pelo negro. Pancho no era ni alto ni bajo. Tenía

---

[52] **mande** a polite response, literally "at your orders."

pelo negro también.

—Medio kilo de tortillas, por favor —dijo Pancho.

—Oye, tú no eres de Guanajuato, —exclamó el chico—. Eres de la ciudad de México. ¡Eres *chilango*[53]…!

—*¡Santiago Correa Martínez!* —exclamó la señora de la tortillería—. **¡No seas irrespetuoso[54]!**

—¡Sí, mamá! —dijo el chico.

Pancho tenía un acento diferente al chico,

---

[53] **chilango** somewhat offensive word for someone from CDMX
[54] **no seas irrespetuoso** don't be disrespectful

Santiago. Hablaba diferente. En ese momento, Pancho tenía vergüenza de su acento. Tenía vergüenza porque hablaba diferente.

Santiago le dijo:

—Perdón. Es sólo una broma, jaja. Tu acento es un poco chistoso.

La madre de Santiago caminó hacia los chicos. —Buenos días —le dijo a Pancho— ¿Cómo te llamas? ¿Vives aquí en Guanajuato?

—Eh… me llamo Pancho… y sí… **me mudé**[55] con mi padre recientemente —respondió Pancho.

—¿Tienes familia o amigos aquí? —dijo la madre de Santiago.

Pancho miró el suelo.

—Sólo mi padre y mi abuelita.

La madre de Santiago estaba sorprendida.

—¿No tienes ni un amigo aquí? ¿Por qué no regresas aquí a la tortillería a las ocho de la tarde (8 p.m.)? Tú y Santi pueden explorar Guanajuato juntos.

—¡*Mamá*! —dijo Santiago en un tono

---

[55] **me mudé** I moved

frustrado. Era obvio que no quería explorar Guanajuato con Pancho.

—Santi, **no discutas**[56] conmigo. Pancho, regresa a las ocho. Santi puede ser tu amigo.

Pancho agarró sus tortillas y regresó a su casa, con su padre triste, y su abuelita triste. Consideraba regresar a la tortillería a las ocho para escaparse de la casa triste. Santiago no estaba contento, pero Pancho no tenía otra opción.

---

[56] **no discutas** don't argue

Capítulo 2
¿Un amigo nuevo?

Pancho sabía que Santiago realmente no quería ser su amigo… pero Pancho no quería estar solo en la casa triste. Entonces, a las ocho de la tarde (8 p.m.), Pancho regresó a la tortillería para ver a Santiago.

—Buenas tardes, Santiago —dijo Pancho, un poco nervioso—. ¿Cómo estás?

Santiago estaba más contento ahora. —Eh, más o menos. Yo trabajé todo el día en la tortillería. Y todos me llaman Santi.

—Bueno… Santi. ¿Adónde vamos? —preguntó Pancho.

Santi pensó por un momento.

—Oye, ¿**has visto**[57] a las momias?

—¿Las momias? —dijo Pancho.

—Sí. Hay momias aquí en Guanajuato. Están en un museo.

Pancho no sabía si quería ver momias,

---

[57] **has visto** have you seen

pero dijo:

—¡**Qué padre**[58]! ¡Vámonos!

Los chicos fueron al museo. En la puerta había un letrero que decía «Cerrado».

—Caramba. Está cerrado. No podemos entrar —dijo Pancho. Pancho realmente no quería entrar, entonces estaba contento. No quería ver momias.

—No importa. Tengo una **llave**[59]. Mi tío trabaja aquí en el museo —respondió Santi.

Pancho tenía un dilema. Pancho no quería problemas; no quería entrar al museo ilegalmente. Y tenía un poco de miedo de las momias…pero quería impresionar a su amigo nuevo. Pancho sabía que no era buena idea, pero dijo:

—Qué bien, entremos al museo.

Los chicos entraron al museo con la llave de Santi. Estaba muy oscuro; no había mucha luz. Había un espacio más o menos grande… y

---

[58] **¡Qué padre!** How cool!
[59] **llave** key

momias en todas partes.

De repente, una mano agarró a Pancho.

—¡¡Ay!! —gritó Pancho.

—¡Jaja! ¿Tienes miedo?

Santi se rió y tocó a Pancho otra vez. Pancho tenía un poco de vergüenza.

—N-n-no, no tengo miedo —respondió Pancho. —¿Oye, estas momias son momias *de verdad*?

—Sí… bueno… son momias «naturales». Son diferentes de las momias de Egipto. A veces, en Guanajuato, **los cuerpos se momifican naturalmente porque el clima es muy seco.**[60] Ahora, las momias son una atracción turística.

A Pancho no le gustaba la idea. Él pensó en su madre. Pensó:

«Ella no quisiera ser[61] una atracción turística» pero no le dijo nada a Santi.

—Me voy al baño. ¡**Enciende**[62] la luz!

---

[60]In Guanajuato, corpses sometimes mummify naturally because the climate is so dry.
[61] **ella no quisiera ser** she wouldn't want to be
[62] **enciende** turn on

—dijo Santi, y desapareció. Pancho no sabía dónde estaba porque estaba oscuro.

Pancho exploró el museo oscuro. Quería encender la luz pero no sabía cómo. Vio formas oscuras, como personas, pero diferentes... ¿Las formas eran las momias? Pancho también olía un olor raro.

Una forma cerca de él se movía. ¿Era Santi o... una momia? Pancho dijo en voz baja:

—*¿S-Santi? ¿Dónde estás?*

La forma no respondió. Pancho exclamó:

—¡S-Santi! ¿Es una broma? ¡No es

chistoso!

—¿Mande? —La voz de Santi estaba lejos, pero la forma oscura estaba cerca. Y se movía.

Pancho no se movió. No podía moverse porque tenía muchísimo miedo. Ahora muchas formas oscuras se movían, y había ruidos «*Clac, clac, clac, ¡PUM!*» De repente, muchas formas oscuras corrieron y una se chocó con Pancho. Pancho se cayó al suelo y gritó:

—¡Ay!

La puerta del museo estaba abierta. Las formas salieron del museo. Las formas salieron del museo por la puerta abierta. ¡Las momias se

escapaban!

Pancho gritó:

—¡NOOO!

Santi regresó del baño.

—¿Qué pasa?

—¡Creo que las momias **se escaparon**[63] del museo! —dijo Pancho.

—**¿Estás bromeando**[64]? —respondió Santi.

—¡No! ¡Las momias se escaparon por la puerta abierta! ¡Ya no están aquí! —dijo Pancho.

—¿Pero qué dices? ¡Están muertas! ¿Cómo es posible?—dijo Santi.

Los chicos encendieron la luz y buscaron por todo el museo. Era verdad. Ya no había ni una momia en el museo. Sólo había pétalos de flores anaranjados y el olor raro.

—¡Caramba! **¡Mi tío me va a matar!**[65] —Ahora Santi tenía miedo también.

—¿Vamos a buscar a las momias? —dijo

---

[63] **se escaparon** they escaped
[64] **estás bromeando** are you kidding
[65] **mi tío me va a matar** my uncle is going to kill me

Pancho.

Santi estaba muy nervioso.

—No. No es buena idea buscarlas por la noche. Vamos a casa.

—Entonces… ¿vamos a buscar a las momias por la mañana? —preguntó Pancho.

—¡Claro! —exclamó Santi. Tenía miedo y estaba enojado.

Los chicos regresaron a sus casas. No les dijeron nada a sus familias porque entraron al museo ilegalmente, cuando estaba cerrado. Ellos no iban a buscar a las momias por la noche. No era buena idea. Iban a buscarlas por la mañana.

Capítulo 3
Las momias se despiertan

Era de noche y estaba oscuro. Dolores se despertó y vio a dos chicos entrando al museo ilegalmente. El museo estaba muy oscuro.

Dolores sabía que estaba en un museo. Ya no estaba en el cementerio. Dolores era una momia ahora, una atracción turística. Antes, Dolores **descansaba**[66] en paz en el cementerio. Ahora, en el museo, Dolores no podía descansar. Los turistas la miraban y decían:

—¡Qué asco!

A Dolores no le gustaba la situación para nada. Tenía mucha vergüenza. No quería estar en el museo. Dolores quería escaparse del museo y de los turistas.

De repente, Dolores vio la puerta abierta. Ella **despertó a**[67] las otras momias silenciosamente.

«¡Qué bien!» pensó Dolores. «¡Vamos a escaparnos esta noche!».

Dolores rompió el cristal que separaba a

---

[66] **descansaba** used to rest
[67] **despertó a** she woke up (the others)

las momias del mundo real: «*Clac, clac, clac, ¡PUM!*»

Dolores corrió hacia la puerta y chocó con uno de los chicos.

Él gritó:

—¡Ay!

Rápidamente, todas las momias salieron por la puerta abierta y se escaparon del museo. En total, cincuenta y nueve (59) momias se escaparon...

Las momias decidieron ir al río para tomar agua. ¡Tenían sed! Era de noche, y no había mucha gente en las calles. Increíblemente, ni una persona vio a las cincuenta y nueve momias que corrían por la ciudad de Guanajuato. Las momias fueron al río… pero… ya no era un río. Ahora era una calle para carros. ¡Caramba! La ciudad de Guanajuato era muy diferente a la ciudad de su memoria.

Y ahora querían descansar… ¿pero dónde?

Capítulo 4
Las momias no comen tamales

A las siete y media de la mañana (7:30 a.m.) Santi se despertó porque había tres perritos en su cama. Santi saltó de la cama. Entró al baño y había dos perritos más. Los dos perritos comían su libro de matemáticas.

Santi exclamó:

—¡No! ¡Perros malos! —y agarró su libro.

Las hermanas de Santi gritaron:

—*¡Shh! ¡No grites!*

Ellas querían dormir más. Santi tenía dos hermanas. Tenían dieciocho (18) y veinte (20) años. No eran muy simpáticas, en la opinión de Santi. No toleraban a su hermanito.

Santi regresó a su dormitorio. La madre de Santi vendía perros Chihuahua. Santi quería entrenar a los perritos pero era imposible.

—¡Siéntate! —le dijo a un perrito. Pero no se sentó. Otro perro comía uno de los zapatos de Santi.

—¡Perro malo! ¿Tienes hambre? —dijo Santi. Le daba de comer a los perritos cuando

Pancho tocó la puerta.

«Toc toc toc».

...

Pancho caminó hacia la casa de Santi. Pancho tocó la puerta.

«Toc toc toc».

Y oyó muchos perros. **«¡Guau! ¡Guau! ¡Guau![68]»**

Santi abrió la puerta. Los perros se escaparon por la puerta.

—¡No! ¡Perros malos! ¡Siéntense!

Pero no se sentaron.

Pancho miró a los perritos y les dijo:

—Siéntense.

Todos los perritos se sentaron, obedientes.

Santi estaba frustrado.

—Oye, ¿por qué escuchan a ti y no me escuchan a mí?

Santi y Pancho salieron de la casa para buscar a las momias a las ocho de la mañana (8

---

[68] **guau, guau, guau** woof, woof, woof

a.m.). Primero fueron al Mercado Hidalgo para hablar con la gente allí. El Mercado Hidalgo era muy grande. ¡Tenía ropa, comida, artesanías, libros… de todo!

Había un señor que vendía tamales y atole.

Pancho le preguntó:

—Perdón, señor, ¿**ha visto algo raro por aquí**[69]?

—¿Raro?… ¿Como qué? —respondió el señor.

—Como… no sé… ¿momias? —le dijo Pancho.

—¿Momias? ¡Ja! Claro que no. Las momias no comen tamales. ¿**Ustedes**[70] dos tienen hambre? Dos tamales y atole por veinte (20) pesos —dijo el señor.

Los chicos tenían vergüenza… y siempre tenían hambre, entonces le pagaron veinte

---

[69] **ha visto algo raro por aquí** have you seen anything weird around here
[70] **ustedes** you (plural)

pesos por dos tamales y atole.

El señor se rió:

—Qué ridículo. ¡Momias! ¡Jajaja!

—¿Ustedes hablan de momias? —dijo una señora cerca. La señora era vieja. Tenía flores anaranjadas en las manos. Pancho no podía ver los ojos de la señora porque tenía un sombrero grande y negro.

—¡Sí! ¿Ha visto a las momias? —dijo Santi.

La señora estaba nerviosa.

—Es que… creo que vi momias en los

túneles **anoche**[71]...

—¡Gracias! —dijeron los chicos— ¡Vámonos!

Pancho y Santi comieron sus tamales rápidamente y corrieron hacia los túneles.

En la ruta hacia los túneles, los chicos pasaron cerca del **Callejón del Beso**[72].

—Hay una leyenda romántica del Callejón del Beso, es similar a la historia de Romeo y Julieta —dijo Santi.

—Eh... No me gustan las historias románticas —dijo Pancho.

—¡Qué lástima! A mí sí me gustan... un poco —insistió Santi—. Y es una leyenda famosa.

---

[71] **anoche** last night
[72] **El Callejón del Beso** The Alley of the Kiss, a street in Guanajuato approx. 27 inches wide.

Capítulo 5
Un zapato en los túneles

Había muchos túneles en Guanajuato; los chicos buscaron por muchas horas. Pancho estaba cansado y frustrado. Estaba frustrado porque pensaba en la noche anterior. Pancho no quería ver a las momias, pero Santi insistió.

«¡Todo esto es culpa de Santi!» pensó.

Ya no había ni una momia en los túneles. Sólo había muchos carros rápidos. Había un policía cerca de las escaleras de un túnel mirando los carros.

—Perdón, señor. ¿Ha visto…eh… momias en los túneles? —le preguntaron.

—¿*Momias?* Claro que no —les respondió el policía. Miró el tráfico otra vez y se rió—. Qué ridículo. ¡Momias! ¡Jajaja!

—Fantástico… ¿Ahora qué? —le dijo Pancho a Santi. Ya no quería buscar.

Santi estaba cansado y frustrado también.

Santi dijo:

—Oye, **yo sólo quiero ayudarte**[73]. ¡Es tu

---

[73] **yo solo quiero ayudarte** I just want to help you

68

culpa que las momias se escaparon!

Pancho dijo:

—¿Mi culpa? ¡No es mi culpa!

Pancho miró al policía. El policía estaba cerca y Pancho no quería que escuchara su conversación. Pancho le dijo en voz baja a Santi:

—*¡Fue tu idea entrar al museo ilegalmente!*

—¡Pero tú estabas cerca de la puerta y **las dejaste escapar**[74]! —insistió Santi.

—¡No es verdad! Pero…no me gusta el museo. No me gusta que las personas se conviertan en una atracción turística —respondió Pancho. Pensó en su madre y se puso triste. Un momento pasó en silencio—. **Quizás sea bueno… que las momias se hayan escapado**[75].

Ahora Santi se puso furioso y casi gritó:

—Oye, chilango, no es nada bueno que se escaparon. Las momias son muy importantes en Guanajuato. Son parte de la cultura y el turismo.

---

[74] **las dejaste escapar** you let them escape
[75] **Quizás sea bueno… que las momias se hayan escapado.** Maybe it's good… that the mummies have escaped.

Esto es un problema enorme.

Era obvio que Santi estaba ofendido y no quería continuar la conversación.

Pancho estaba enojado y triste. Pancho pensó en su madre. **¿Qué tal si su madre estuviera en un museo**[76]**?** Pancho no habló más porque no quería llorar.

Santi y Pancho bajaron las escaleras para buscar en un túnel más.

Santi miró el suelo. En el suelo él vio unos

---

[76] **qué tal si su madre estuviera en un museo** what if his mother were in a museum

pétalos anaranjados…y un zapato. Santi agarró el zapato. Era *muy* viejo.

—¡Mira! ¡Es un zapato de momia! —gritó Santi, con mucho entusiasmo.

—¿*Un* zapato? —exclamó Pancho, frustrado. —Hay cincuenta y nueve momias en Guanajuato. ¡Un zapato no es nada!

Santi lo miró, enojado, y le dijo:

—Tú no comprendes, chilango. Vamos a buscar en el centro de la ciudad.

Los chicos subieron las escaleras y salieron del túnel.

Pancho miró al policía y fue con Santi porque no había otra opción.

…

El policía observó a los chicos con curiosidad.

«¿Por qué hablan de las momias?» pensó.

Los chicos subieron las escaleras, salieron del túnel y desaparecieron. Entonces el policía escuchó una voz en su radio:

«*¡Robo en el museo de las momias!*»

El policía corrió tras los chicos, gritando.

...

Los chicos pasaron por **La Alhóndiga de Granaditas.**[77] Santi le dijo a Pancho:

—Mira, es La Alhóndiga. Es un sitio muy importante de la Independencia Mexicana de España.

—En este momento, no me interesa para nada —respondió Pancho, enojado. Pero Pancho miró La Alhóndiga y... ¡vio a una momia entrando a La Alhóndiga!

---

[77] **La Alhóndiga de Granaditas** Historic site in Gto. now a museum

Capítulo 6
El Pípila

Los chicos entraron a La Alhóndiga y buscaron por todo el museo, pero… ya no había ni una momia. Era muy misterioso.

…

Afuera de la Alhóndiga, en la calle, un policía buscaba a dos chicos que hablaban de momias.

…

En La Alhóndiga, Pancho olía **el mismo**[78] olor raro del museo de las momias. —¿Qué es ese olor? Es el mismo olor del museo —dijo Pancho.

Santi olió el aire y pensó.

—Es **cempasúchil**[79], la flor de los muertos. ¡Mira, hay unos pétalos!

Buscaron más pétalos, pero había muy pocos. Los pétalos formaron una línea y fueron hacia la calle. En la calle, los carros movían los

---

[78] **el mismo** the same
[79] **cempasúchil** marigold flower

pétalos. ¡Caramba!

Santi tuvo una idea.

—Vamos a un sitio muy alto. ¡Vamos al **Pípila[80]**!

Pancho se rió:

—Jaja. *¿El Pípila?* ¡Qué raro!

—No es chistoso. El Pípila es un héroe nacional. Vámonos.

El Monumento al Pípila estaba en la parte más alta de Guanajuato. Estaba en una montaña. Los chicos subieron 550 **escalones[81]** para llegar al monumento.

En el monumento, Santi dijo:

—Mira, es **la vista[82]** más espectacular de la ciudad. Puedo ver *tooodo.*

Pancho observó a Santi pero no quería buscar más. Miró el monumento. Era una estatua enorme de un señor. El señor enorme era el Pípila. La estatua del Pípila tenía casi veinticinco (25) metros (80 ft.) de altura. Era

---

[80] El Pípila was a famous local hero in the Mexican War of Independence.
[81] **escalones** steps
[82] **la vista** the view

muy alta.

Santi no miraba el monumento. Él había visto el monumento muchas veces. Santi buscaba a las momias en la ciudad.

—¡No hay ni una momia! —declaró Santi—. ¡Ni una en toda la ciudad!

Pancho decidió hablar con Santi sobre la muerte su madre. Pancho le dijo:

—Oye, Santi…, mi familia está en

Guanajuato porque mi madre murió.

Santi le dijo:

—Ay, lo siento. No lo sabía. Qué difícil.
¿Por eso[83] no te gustan las momias?

—…Sí. Cuando pienso en las momias,
pienso en mi madre —respondió Pancho.
Pancho no miró a Santi porque no quería llorar.

Santi pensaba en esto cuando, de repente,
los chicos escucharon un ruido muy cerca. El
ruido era como dos rocas enormes que se
movían. Pancho y Santi miraron la estatua del
Pípila y gritaron en terror.

¡El Pípila se movía!

---

[83] **por eso** that's why (for that reason)

Capítulo 7
Sin turistas

Dolores vivía en Guanajuato en el siglo diecinueve (los años 1800). Ella vendía charamuscas, caramelos en la forma de las momias. Vendía los caramelos a los turistas que visitaban las momias. Antes Dolores vendía caramelos de las momias y ahora Dolores *era una momia*. Era una coincidencia triste para Dolores.

Ahora, Dolores y las otras momias necesitaban un sitio para descansar. La ciudad de Guanajuato era grande, y había mucha gente. Las momias necesitaban salir de la ciudad.

El esposo de Dolores trabajaba en la **Mina la Valenciana**[84]. Su esposo era un minero, entonces Dolores sabía que había una parte abandonada en la mina. No había turistas en esa parte de la mina.

Dolores y las momias subieron la montaña. Entraron a la mina en secreto. Bajaron las

---

[84] The Valenciana Mine was one of the most productive silver mines in the world at its peak.

escaleras en silencio, a la mina oscura…

Capítulo 8
Nuestro secreto

¡El Pípila se movía y miraba a los chicos!

—¿Ustedes hablan de momias? —el Pípila les dijo. ¡El Pípila habló! La voz del Pípila era fuerte e intensa.

—¿S-sí? —respondieron. Los chicos tenían mucho miedo.

—Pobres momias —dijo el Pípila. El Pípila era intenso, pero simpático también. Continuó:

—Están muy cansadas. Y tienen miedo. Quieren descansar.

—*¿Ha visto a las momias?* ¿Dónde están? —dijo Santi en un tono agresivo.

El Pípila observó a Santi y a Pancho con curiosidad.

—¿Por qué buscan a las momias? La policía de Guanajuato busca a las momias también. Pero la policía quiere que las momias regresen al museo. Y las momias no quieren regresar al museo.

Santi miró a Pancho, y entonces miró al

Pípila.

—Vamos a **ayudar**[85] a las momias.

El Pípila miró a Pancho y le dijo:

—¿En serio, ustedes quieren ayudar a las momias?

Pancho tenía un dilema. Santi no dijo la verdad. Santi no quería ayudar a las momias. Quería que regresaran al museo. Pancho quería decir la verdad… pero no quería problemas con Santi ni con la policía. Un momento pasó en silencio. Pancho miró a Santi. Quería decir la verdad… pero no podía.

—Sí, vamos a ayudar a las momias —dijo Pancho. Estaba muy triste, pero no tenía otra opción.

—Bueno —dijo el Pípila—. Rápidamente, porque la policía busca a las momias, también. Las momias están en la mina. La Mina la Valenciana.

Santi exclamó:

—¡En la mina! ¡Claro! Gracias, señor.

---

[85] **ayudar** to help

Vámonos.

La mina no estaba cerca. Estaba lejos, en otra montaña.

Fueron en autobús a la mina. Todos los turistas hablaban del «robo» de las momias. Pancho estaba nervioso. Había dos policías hablando con los turistas cerca de la mina. Los chicos entraron a la mina rápidamente con un grupo de turistas y un guía turístico. El guía hablaba de la mina, pero los chicos no escuchaban al guía. Buscaban a las momias.

En la mina, Santi le dijo en voz baja a Pancho:

—*¡Mira, los pétalos!*

Había pétalos anaranjados en el suelo. Pétalos de cempasúchil. El grupo de turistas fue a la izquierda pero los pétalos de cempasúchil iban en una línea en la otra dirección, a la derecha. Los chicos fueron a la derecha también, con los pétalos.

Los chicos bajaron muchas escaleras. Estaba muy oscuro, pero Santi tenía una **linterna**[86] del guía turístico. El olor de cempasúchil era fuerte. De repente los chicos entraron a un espacio… ¡y allí estaban las momias!

—Momias, **¿Qué hacen aquí**[87]? —gritó Santi a las momias—. Necesitan regresar al museo. ¡Vamos ahora mismo!

Pancho no dijo nada. No gritó a las momias como Santi. Sólo pensaba en su madre y miraba el suelo.

—No quiero vivir en un museo —dijo una

---

[86] **linterna** flashlight
[87] **qué hacen aquí** what are you doing here

momia. La momia tenía solamente un zapato viejo.

—Yo no quiero vivir en un museo tampoco. Quiero **descansar en paz**[88] —insistieron otras.

—No me gusta ser una atracción turística —explicó una momia.

Pancho miró a las momias. Estaban

---

[88] **descansar en paz** to rest in peace

sentadas en el suelo. Estaban completamente indefensas. Las momias miraban a Pancho desesperadamente. Necesitaban su ayuda.

Después de un silencio largo, Pancho dijo:

—Mi madre quería descansar también. **No quisiera ser**[89] una atracción turística.

Pancho no quería problemas con Santi ni con la policía… pero a Pancho no le importaba. Quería defender a las momias. Pancho decidió hablar con Santi. Pancho miró a Santi, y le dijo:

—Santi, las momias son parte de la cultura y el turismo de Guanajuato… pero no están realmente muertas. Están conscientes; hablan, no quieren regresar al museo. No es correcto.

Santi miró a Pancho, sorprendido. Un minuto pasó en silencio… ¿Estaba enojado?… ¿Furioso?

Santi no estaba enojado. Estaba considerando la situación.

—Ay, es verdad —dijo— no están realmente muertas. No lo sabía—. Santi miró a las momias y entonces les dijo:

—Lo siento. No necesitan regresar al

---

[89] **no quisiera ser** she wouldn't want to be

museo. Ustedes pueden descansar aquí, en la mina.

Pancho estaba muy sorprendido. —Santi, ¿en serio? ¿Pueden descansar aquí?

—Sí, amigo. Es **nuestro secreto**[90] —dijo Santi. Santi aceptó que las momias no regresaban al museo.

Pancho miró los pétalos de cempasúchil. Iban en una línea directamente hacia las momias. Pancho dijo:

—Los pétalos de cempasúchil son un problema. Personas curiosas van a encontrar a las momias.

Santi dijo:

—Es verdad. Necesitamos recoger todos los pétalos.

Los chicos recogieron todos los pétalos y pusieron los pétalos cerca de las momias. Ya no había una línea de pétalos en las escaleras.

Pancho dijo:

—¿Y los policías? Hay policías en la entrada

---

[90] **nuestro secreto** our secret

de la mina.

Una momia, una señora, dijo:

—Hay una salida secreta. Ustedes pueden salir de la mina lejos de los turistas y los policías. Está en esa dirección.

La momia indicó un túnel en la otra dirección.

Pancho dijo:

—Gracias señora. Que descanse en paz.

—Gracias a ustedes, niños buenos —dijo la momia.

Por fin, las momias se cerraron los ojos, y descansaron en paz. Los dos amigos subieron las escaleras, salieron de la mina y se fueron a casa. Era su secreto…

¿El fin?

domingo, 5 de noviembre de 2017

Momias permanecen desap[

Luz Buenavides—La ciudad de Guanajuato busca desesperadamente a las momias desaparecidas. Según el personal del Museo de las Momias de Guanajuato, se descubrió la ausencia de las momias el viernes pasado. Supuestamente han sido robadas, aunque sería difícil de hacerlo sin que lo notaran los vecinos. —Las momias simplemente se despertaron y salieron del museo —opina un vendedor de tamales con humor—. Dos chicos me preguntaron si yo «había visto» a las momias ayer por la mañana. Un policía también afirma que dos jóvenes sospechosos le preguntaron sobre las momias, supuestamente buscándolas en los túneles. Al cuestionar al director de seguridad del museo, Rodrigo Correa López, él declaró que alguien le había robado sus llaves, quizás desde su oficina en el museo. Llama la atención que el director no reportó el robo de las llaves, pero los investigadores afirman que no es un sospechoso en el caso. En este momento no han declarado ningún sospechoso en el caso, ya que los investigad[

Momias permanecen desaparecidas

Luz Buenavides—La ciudad de Guanajuato busca desesperadamente a las momias desaparecidas. Según el personal del Museo de las Momias de Guanajuato, se descubrió la ausencia de las momias el viernes pasado. Supuestamente han sido robadas, aunque sería difícil de hacerlo sin que la gente lo notara.

"Las momias simplemente se despertaron y salieron del museo" opina un vendedor de tamales con humor. "Dos chicos me preguntaron si yo 'había visto' a las momias ayer por la mañana".

Un policía también afirma que dos jóvenes sospechosos le preguntaron sobre las momias, supuestamente buscándolas en los túneles.

Al cuestionar al director de seguridad del museo, Rodrigo Correa López, él declaró que alguien le había robado sus llaves, quizás desde su oficina en el museo. Llama la atención que el director no reportó el robo de las llaves, pero los investigadores afirman que no es un sospechoso en el caso. En este momento no han declarado ningún sospechoso en el caso, porque los investigadores no saben quiénes son los dos chicos supuestamente involucrados.

Los investigadores piden que cualquier

persona que tenga información sobre las momias o los dos chicos mencionados llame al departamento de policía inmediatamente.

Por ahora reflexionemos en lo que han contribuido las momias a la cultura e historia de esta ciudad. ¿Podemos continuar sin ellas? Las momias son muy importantes a la gente guanajuatense, pero quizás por fin descansen en paz, sin turistas, como es su derecho.

Glossary
(present and past tense versions)
*Glossary for news article located after this glossary.

abandonada	abandoned
abierta	open
abuela	grandmother
acento	accent
acepta	accepts
aceptó	accepted
adiós	goodbye
adónde	to where
ahora	now
ahora mismo	right now
aire	air
alguien	someone
allí están	there are
alto/a	tall
altura	height
anaranjado	orange
años	years
anterior	previous, before
aquí	here
artesanías	artisan crafts
asco: ¡Qué asco!	How gross!
atole	Warm sweet drink thickened with cornstarch, many different flavors.
atracción	attraction
aunque	although
autobús	bus
ayer	yesterday
ayudarte	to help you
baja: en voz baja	in a low (quiet) voice
bajan	they go down
bajaron	they went down
broma	joke

bromeando	joking
buenos días	good morning
busca	looks for
busca	searches
buscan	they look for
buscar	to look for
buscaron	they looked for
buscó	looked for
cae: se cae	falls
caja	box
calle	street
canario	canary
cansado	tired
¡Caramba!	Darn!, Shoot!
carros	cars
cayó: se cayó	fell
cempasúchil	Marigold flower, or *flor de muertos*, "flower of the dead." It is used to decorate altars during Day of the Dead because it is thought that the color and strong smell guides the souls of the deceased to the altars.
centro	center, downtown
cerca	close
cerrado	closed
cerraron	they closed
charamuscas	Caramel candies formed into different shapes. In Guanajuato, they're shaped like mummies and sold to tourists.
chica	girl
chico	boy
chicos	boys, kids
chistoso	funny
choca: se choca	/it hits, runs into

chocó: se chocó	/it hit/ran into
cierran	they close
ciudad	city
clac	sound of something hitting something else
claro	clearly, obviously
clima	climate
coincidencia	coincidence
comen	they eat
comida	food
como	like, as
con	with
conmigo	with me
continuar	to continue
contó	told (a story)
corren	they run
corrían	they were running
corrieron	they ran
creo	I believe
cuando	when
cuenta	tells (a story)
cuerpos	bodies, corpses
culpa	fault
de	about, from, of
de repente	suddenly
de verdad	real, really
deciden	they decide
decidieron	they decided
declara	declares
declaró	declared
derecha	right
derecho	right
desaparece	disappears
desaparecidas	disappeared/gone
desaparecieron	they disappeared
desapareció	disappeared

descansan	they rest
descansar	to rest
descansar en paz	to rest in peace
descansaron	they rested
desesperadamente	desperately
despertó:	woke up (others)
despertó a	
despertó:	woke up
se despertó	
despierta:	wakes up (others)
despierta a	
despierta:	wakes up
se despierta	
dice	says
:le dice	says to him/her
difícil	difficult
dijo	said
:le dijo	said to him/her
Dolores	a woman's name, means "sorrows"
dónde	where
dormitorio	bedroom
él	he
el personal	the personnel
ella	she
emoción: ¡Qué emoción!	How exciting!
emocionado	excited
en todas partes	everywhere
encendieron	they turned on
encienden	they turn on
enferma	sick
enfrente	facing
enojado	mad, angry
enorme	enormous
entonces	so, then

entrada	entrance
entran	they enter
entrando	entering
entrar	to enter, go in
entraron	they entered
eran	they were
eres	you are
¿Eres tú?	Is that you?
esa, ese, eso	that
escaleras	stairs
escalones	steps
escapan: se escapan	they escape, are escaping
escaparon: se escaparon	they escaped
escaparse	to escape
escuchaban	they listened
escuchan	they listen
espacio	space, area
espectacular	spectacular
esposo	husband, spouse
esta, este, esto	this
estaban	they were
están	they are, you all are
estar	to be
:va a estar	is going to be
estás	you are
estatua	statue
estoy	I am
estuviera	she were in
exclama	exclaims
exclamó	exclaimed
flores	flowers
forma	form, shape
forman	they form
formaron	they formed

frustrado	frustrated
fue	went, it was
fueron	they went
fuerte	strong
gente	people
gracias	thank you
grita	yells, shouts
gritan	they yell, shout
gritaron	they yelled, shouted
gritó	yelled, shouted
grupo	group
guía	guide
ha visto	has seen, Have you seen? (formal)
había	there was/there were
había visto	had seen
habla	talks
hablaba	talked, was talking
hacen: ¿Qué hacen?	What are you all doing?
hacia	toward
hambre	hunger
han sido	they have been
has visto	have you seen
hay	there is/there are
historia	story
horas	hours
hoy	today
huele	smells
iba	were going, it was going
iban	they were going
ilegalmente	illegally
importa: no importa	it doesn't matter
:no le importa	it doesn't matter to him
importaba: no le importaba	it didn't matter to him

impresionar	to impress
Independencia Mexicana de España	Mexican Independence from Spain
indica	points out/indicates
indicó	pointed out/indicated
intensa	intense
ir	to go
izquierda	left
jaja	haha
jaula	cage
jóvenes	youths/young men
juntos	together
La Alhóndiga de Granaditas	Historic site in Guanajuato. First a granary, then military battleground, then prison, it is now a museum.
la ausencia	the absence
largo	long
las dejaste escapar	you let them escape
le dice	says to him/her
le dijo	said to him/her
le gusta	likes
le gustaba	liked
lejos	far
letrero	sign
leyenda	legend
libros	books
línea	line
linterna	flashlight
llama	calls
llaman: me llaman	they call me
llamo: me llamo	I call myself
llave	key

llaves	keys
llegar	to arrive
llorar	to cry
lo siento	I'm sorry
los vecinos	neighbors
luz	light
madre	mother
mañana	morning
mande	Literally, "At your orders." It is a polite way to respond to a question or someone calling your name.
mano	hand
más	more
me interesa	it interests me
me mudé	I moved
memoria	memory
Mercado Hidalgo	historic market in Gto
metros	meters
miedo	fear
:tiene miedo	is afraid, has fear
:¿Tienes miedo?	are you afraid
mina	mine
Mina la Valenciana	Valenciana Mine, a closed silver mine north of Guanajuato
minero	miner
mira	looks at, watches
mirando	watching
miró	looked at
mismo	same
:ahora mismo	right now
misterio	mystery
momento	moment
momias	mummies
momifican: se momifican	they mummify

momificaron: se momificaron	they mummified
montaña	mountain
movía	/it moved
mudaron: se mudaron	they moved (homes)
muerte: la muerte de	the death of
muerto/a	dead
mueve	/it moves
murió	died
museo	museum
nada	nothing, anything
necesitaban	they needed
necesitamos	we need
necesitan	they need
negro	black
ni un(o)/ni una	not one, not even one
ni…ni…	neither … nor…
ningún	not one/none
no importa	it doesn't matter
noche	night
nombre	name
nota	notices
notara: sin que la gente notara	without people noticing
notó	noticed
nuestro	our
observa	observes
observó	observed
obvio	obvious
olía	smelled
olor	smell
opción	option, choice
oscuro	dark
otra	another, other

oye	hey/listen, hears
¡Padre!	Cool!
padre	father
pagan	they pay
pajarito de la suerte	fortune-telling bird
papelito	little piece of paper
para	for, in order to
para nada	at all
parte	part, area
pasa	/it passes
:¿Qué pasa?	What's happening?, What's going on?
pasan	they pass
pasaron	/it passed
pasó	/it passed
paz: descansar en paz	to rest in peace
pelo	hair
pensaba	was thinking
pensó	thought
perdón	excuse me, pardon
permanecen	remain/still
pesos	Mexican currency
pétalos	petals
piensa	thinks
pienso	I think
Pípila, El	Historic hero in Guanajuato. A miner who helped in an attack against the Spanish troops in the Mexican Independence War.
planes	plans
pobre	poor
poco	a little
pocos	few
podemos	we can

podía	could
podían	they could
policía	police officer
pone: se pone + **emoción**	gets, becomes (emotion)
por	for, in exchange for, through
por aquí	around here
por eso	that's why, for that reason
porque	because
pregunta	asks
preguntó	asked
primero	first
puede	can
pueden	they can
puerta	door
pum	loud sound, a bang
puso: se puso + **emoción**	got, became (emotion)
qué	what
qué asco	how gross
¡Qué lástima!	What a shame!, Too bad!
qué tal si	what if
quería	she wanted
quiere	wants
quisiera: no **quisiera**	I/he/she wouldn't want
quizás	perhaps, maybe
raro	weird, strange
recogen	they pick up
recogieron	they picked up
regresa	returns
regresar	to return
regresó	returned
relación	relationship
representaban	they represented
respetuoso	respectful

responde	responds
respondió	responded
ríe: se ríe	laughs
río	river
rió: se rió	laughed
rocas	rocks
ropa	clothing
ruido	noise
ruta	route
sabe	knows
sabía	I/she/he knew
:no lo sabía	I didn't know
salen	they leave, go out
salida	exit
salieron	they left, went out
salir	to leave, go out
salta hacia	jumps toward
se cae	falls
se cayó	fell
se choca	/it hits, runs into
se chocó	/it hit, ran into
se conviertan	they are converted, turned into
se descubrió	it was discovered
se despertó	woke up
se despierta	wakes up
se escapan	they escape, are escaping
se escaparon	they escaped
se momifican	they mummify
se momificaron	they mummified
se mudaron	they moved (homes)
se murió	died
se pone + emoción	gets, becomes (emotion)
se puso + emoción	got, became (emotion)
se ríe	laughs
se rió	laughed
sé: no sé	I don't know

sea	it is (subjunctive)
seas: no seas	Don't be…
seco	dry
según	according to
seguridad	security
señor	Mr., man
señora	Mrs., woman
ser	to be
sería	it would be
si	if
sí	yes
siempre	always
siento: lo siento	I'm sorry
siglo diecinueve	19th century (1800s)
silenciosamente	silently
simpático	nice, kind
sin que	without
sitio	site, place
sobre	about
solamente	only
solo	lonely
sólo	only
son	they are, you all are
sorprendido	surprised
sospechoso	suspect/suspicious
su	his/ her
suben	they go up
subieron	they went up
suelo	floor, ground
supuestamente involucrados	supposedly involved
tamales	Cornmeal dough with sweet or savory fillings. Wrapped and steamed in cornhusk for easy transport. Popular everywhere from breakfast street food to

	holiday family specialty.
también	also
tampoco	neither
tan cerca que	so close that
tarde	afternoon/evening
te gustan	you like
tengo	I have
tenía	had
tenían hambre	they were hungry
tenían sed	they were thirsty
tiene	has
tienen	they have
tienen hambre	they're hungry
tienen sed	they're thirsty
tienes	you have
tío	uncle
tipo	type
toca	touches
tocó	touched
todos	all, everyone
tortillería	tortilla shop
trabaja	works
trabajaba	used to work
trabajé	I worked
triste	sad
túneles	tunnels
turístico/a	for tourists
tuvo	had, got
un	one, a
unas, unos	some
ustedes	you all, you guys
va	goes
vámonos	let's go, let's get going
vamos	let's go, we'll go, we are going to…
van	they go

ve	sees, or command: "Go…"
vecinos	neighbors
vende	sells
vendía	used to sell
ver	to see
verdad	true, truth
:de verdad	real, really
vergüenza	embarrassment, shame
vez	time
:otra vez	again, another time
vi	I saw
viejo/a	old
vio	saw
visitaban	that were visiting
vista	view
visto: ¿Ha visto?	Have you seen? (formal)
:había visto	had seen
:¿Has visto?	Have you seen? (informal)
vive	lives
vives	you live
vivía	used to live
vivir	to live
voy	I go, I'm going
voz	voice
:en voz baja	in a low (quiet) voice
ya no	not anymore
zapato	shoe

ABOUT THE AUTHOR

Rachel Emery teaches 5th and 6th grade Spanish in Winnetka, IL. She loves learning from colleagues, teaching with Comprehensible Input, and connecting students with stories they will love. She grew up in Michigan and received her Bachelor's in Spanish from the University of Michigan and her Master's in Foreign Language Teaching from Michigan State University. She has spent time in San Miguel de Allende, Mexico and Madrid, Spain.

She can be contacted via Facebook or at rachelgarnett5@gmail.com.

ABOUT THE ILLUSTRATOR

Julian Arpin-Cortez is an artist and illustrator who enjoys working and experimenting with a variety of media, both traditional and digital. He is a graduate of the University of Michigan, and he currently lives in Midland, Michigan.

julianarpincortez@gmail.com

Made in the USA
Las Vegas, NV
25 August 2022